中国骄傲

主编 柳建伟

中国体操——东方之美

北京时代华文书局

写在前面

《中国骄傲》，如何诞生？

1984年洛杉矶夏季奥运会，许海峰一声枪响震惊世界，为中国体育代表团摘得奥运首金。自1984年起，中国体育代表团已经全面参加十届夏季奥运会，中国一步步成长为世界竞技体育强国。在这个过程中，中国体育健儿留下了无数值得铭记的经典瞬间。中国体育健儿的赛场故事，是动人、励志、具有感染力的；中国体育的荣誉瞬间，是辉煌、耀眼、增强民族自信心、提升民族自豪感的……

光阴似箭，40年已过，2024年，又是一个“奥运年”。值此之际，我们希望有一套图书可以传承中国体育的拼搏精神，可以让孩子们铭记动人的体育英雄故事，可以帮助孩子们树立正确的价值观、选择合适的励志榜样……《中国骄傲》系列图书应运

而生。我们希望用这套图书播下体育强国梦的种子，我们期待这套图书让中国的体育英雄故事跃然纸上，我们憧憬这套图书让更多的孩子爱上体育……

《中国骄傲》，内容如何构成?

中国体育代表团的征战史无比灿烂，中国体育健儿的传奇征途无比辉煌，有限的篇幅难以展现全部。在此我们只能选取部分体育项目和部分运动员的故事重点描绘，在这里没有先后、主次排名，只有我们对每一个“中国骄傲”无比的敬意。

目前《中国骄傲》系列图书有十册呈现给读者，分别是：《中国女排》《中国乒乓》《中国跳水》《中国田径》《中国射击》《中国游泳》《中国体操》《中国羽毛球》《中国时刻》《中国冬奥》。

《中国骄傲》，一直在路上……

未来，《中国骄傲》系列图书也将努力呈现中国体育更多的动人篇章，包括夏奥会、冬奥会、残奥会等，我们致敬所有为中国体育倾情付出的传奇英雄。《中国骄傲》系列图书就如同体育赛场的“中国骄傲”，一直在路上……

中国体操，东方之美！

体操是一个对身体力量、柔韧性、协调性要求极高的项目，讲究力与美的结合。在奥运会的赛场上，体操项目的竞争极其激烈。空间有限的体操场地和体操器械上，中国体操队创造了许多载入史册的瞬间。

成立于1953年的中国体操队，发扬团结一心、不怕困难、追求极致、拼搏到底的精神，经过不懈努力，成为世界顶级强队之一。1979年，马燕红技压群芳，摘得体操世锦赛高低杠项目的金牌，成为中国体操历史上第一个世界冠军。1982年世界杯和1984年奥运会，中国体操队的表现震惊世界，李宁更是成为全世界瞩目的“体操王子”。

往后的征途中，中国体操队虽偶尔经历低谷，但每一次都能凭借不屈不挠的精神上演王者归来的好戏，他们向世界展示了中国力量，展现了东方之美。2008年北京奥运会，中国体操队取得9枚金牌，缔造辉煌。在中国体操队的历史中，涌现了李宁、李小双、刘璇、杨威、李小鹏、邹凯等诸多世界级名将。

《中国体操》选取中国体操队奥运征途中的部分传奇运动员，讲述他们的辉煌历程。书轻意重，纸短情长，虽在此无法完整呈现中国体操队的不朽成绩，但中国体操队的传奇故事还在继续，你我都有幸成为见证者。

卷首语
荣耀之路，历尽千帆

中国体操豪迈步入世界顶级殿堂，
接轨国际攀登历史巅峰。
“体操王子”李宁，手撑吊环纹丝不动，
单届奥运会独揽3金缔造神迹。
“体操女神”刘璇，华丽起舞优雅绽放，
平衡木上实现耀眼突破。
“全能战士”杨威，翻转腾空稳稳落地，
三战奥运终圆全能金牌梦。
“双杠王者”李小鹏，挂臂空翻举重若轻，
王者归来完美谢幕。
“五金传奇”邹凯，握拳庆祝傲视群雄，
“五金冠九州”定格永恒瞬间。

无数少年天才，
完成了追逐传奇、超越传奇的辉煌征程，
终成耀眼传奇。
无数耀眼传奇，
踏上了登峰造极的不朽征途，
缔造无数经典瞬间。
无数经典瞬间，
铺就了中国体操缀满光荣和梦想的金色长廊。
这条长廊之中，
以“绝技王者”命名的独创动作，被历史永远铭记；
这条长廊之中，
镌刻着中国体操征战奥运会的辉煌战绩。

回望中国体操的奥运史，
这是一部写满荣耀、在曲折中前行的历史。
中国体操也曾有过低谷，也曾陷入彷徨，
也曾在黑暗中苦寻光明。
但每当中国体操人跌倒了，
他们都会奋力爬起，然后站得更高。
2008年北京奥运会，9金神话震古烁今；
2012年伦敦奥运会，男子团体卫冕捍卫荣耀。
中国体操，历尽千帆屡次登上璀璨巅峰，
无惧挫折奋勇书写体坛佳话。

目录

他是单届世界杯“六冠王”，
他是单届奥运会“三金王”，
他埋下中国体操走向辉煌的种子，
他点燃北京奥运会熊熊燃烧的火炬。

他是“体操王子”**李宁**，
他是竞技场上的王者，
他是奥林匹克史上的传奇，
他是民族精神的化身。

第一章

“体操王子”李宁

中国

中国

“六冠王”横空出世

10月的萨格勒布秋高气爽，1982年体操世界杯正在这座城市激战，19岁的李宁报名了所有男子体操项目。这名此前在国内比赛中取得优异成绩的小将，此番就是冲着世界冠军来的。不承想，他一下子拿走了6枚金牌，创造了世界体操史的神话，

这届世界杯也成为他震惊世界的起点。

男子体操的个人项目包含7项，分别是个人全能、自由体操、鞍马、吊环、跳马、双杠和单杠。**那届世界杯，李宁参加了全部个人项目的角逐，除了在双杠比赛中拿到铜牌，其余6个项目他无一失手，都获得了冠军。**

在个人全能比赛的单杠比拼中，他更是拿到了全场唯一的满分。这个脸庞稚嫩，眼神坚毅，始终带着微笑的年轻人，以其高规格的动作质量以及超稳定的动作完成度，征服了在场的裁判和观众。

单届体操世界杯获得6枚金牌的壮举，堪称前无古人，后无来者。

冠军！“零的突破”

李宁的横空出世，加上中国体操多年的沉淀积累，让中国体操队成为中国体育的“王牌之师”。1983年的体操世锦赛，李宁和中国体操队，再次给全国人民带来了惊喜。

体操领域中最有分量的金牌，无疑是团体金牌。此前中国体操队在世锦赛中，从未获得过团体冠军。1983年，这一尴尬纪录宣告终结，李宁是见证者，更是参与者。

当届世锦赛，中国队和苏联队在男子团体决赛中展开了激烈的争夺。李宁在出战的六项比赛中，表现得极其出色，尤其是在吊环自选动作中，他又一次斩获满分。**最终中国队总分591.450分，苏联队总分591.350分，凭借0.1分的优势，中国队惊险地击败了苏联队，中国体操历史上首次在世界大赛中获得男子团体冠军，李宁帮助中国队创造了历史。**

世界杯六冠震惊世界，世锦赛助中国体操队斩获男子团体冠军、实现“零的突破”，李宁带着荣耀和辉煌，站上了1984年洛杉矶奥运会的赛场。

满分夺冠震惊世界

当地时间8月4日，1984年洛杉矶奥运会男子自由体操决赛打响。李宁奥运传奇之旅的首个顶点，也即将到来。

登场之后，李宁就用一连串力量十足的动作，赢得了现场观众的满堂彩。随后每当李宁完成一个动作，现场观众就会为他送上欢呼声。他的“托马斯全旋”又高又飘，他的倒立动作稳如泰山。最后的落地动作毫无瑕疵，李宁仿佛“钉”在了地上，解说员情不自禁地大喊：“Beautiful（漂亮）！”

10分！李宁的表现不仅征服了观众和解说员，还征服了全体裁判。看到这个分数，他也兴奋地跑到场地中央，微笑着向观众挥手致意。尽管首次参加奥运会，但他表现得是如此成熟，如此有大将风范。

最终李宁凭借预赛9.925分、决赛10分、总分19.925分的成绩斩获自由体操金牌，中国体操首枚奥运金牌就此诞生。

“李宁交叉”孤独求败

随后进行的鞍马决赛，李宁的发挥同样无懈可击。

他在比赛中使用了他的独创动作——“李宁交叉”，即“正交叉转体90度经单环起倒立落下成骑撑”。这个动作需要运动员以倒立转体的方式，在器械上完成动作衔接。这要求运动员拥有出色的协调性和手臂力量，李宁通过夜以继日的苦练，练就了这个很多运动员无法完成的绝技。

李宁的整套动作行云流水，更像是一场让人赏心悦目的表演，场边的摄影师扛着设备聚集到他的比赛场地，他也成为全场的焦点。整套动作结束时，李宁依旧稳稳落地，他微笑握拳向全场致意，结束了自己的鞍马决赛。

最终，李宁在决赛中的表现再度收获满分10分，连同预赛的9.950分，他拿到19.950的分数，也拿下了1984年洛杉矶奥运会鞍马冠军。

李宁就此成为中国历史上第一个，单届奥运会拿到两枚金牌的运动员。

吊环摘金 稳如泰山

连夺两枚金牌的李宁，并未就此停下争金夺银的脚步。当天进行的吊环比赛中，他延续着传奇的征程。吊环是李宁的强项，他将自己的手臂力量和动作稳定性发挥到了极致，在预赛自选动作的环节又一次拿到满分10分。

决赛赛场上，他再次将难度和稳定完美融合，倒立又稳又直，环上姿态优雅协调，整套动作似乎是在轻描淡写之中就得到了完美的呈现。落地之

后，李宁稍微跳了一小步，随后他握紧双拳庆祝。

这套动作让李宁拿到9.950分，他以总分19.850分的成绩，拿到了这个项目的金牌。首次征战奥运会，他就拿到了3枚金牌，写就了中国体育史上传奇的篇章。

在接下来进行的跳马决赛中，李宁斩获19.825分，这个成绩让他获得了一枚银牌。而这个项目的冠军，被他的队友楼云收入囊中。连续出战多项比赛、斩金夺银的李宁，成为洛杉矶体操赛场上最耀眼的明星。

单届奥运会3金2银1铜

这届奥运会，体操团体和个人全能比赛是最先结束的。男子团体的角逐中，中国队以0.6分憾负美国队摘银。个人全能的较量中，李宁以0.125分的微弱劣势拿到铜牌。

开局就遭遇两场憾负，对于李宁来说可谓出师不利，但这名小将保持了极其出色的心态。他依旧带着笑容上场，用微笑回报观众的呐喊。终于，他在单项比赛中实现突破，收获3金1银的好成绩。首次征战奥运会，李宁拿到了3金2银1铜，总计6枚奖牌。

1984年是奥运会中国体育代表团回归夏季奥运会大家庭的首秀，奥运会中国体育代表团总计拿到了包括15枚金牌在内的32枚奖牌，中国体操队总计夺得了包括5枚金牌在内的11枚奖牌。

李宁在奥运会中大放异彩，从此“体操王子”的称号家喻户晓。多年的苦练，让李宁拥有完成高难度动作的能力。初生牛犊不怕虎的心态，让他无所畏惧地站上赛场，将自己的能力发挥到了极致。

微笑着的李宁，迎来了人生的又一个巅峰。

“体操王子”
华丽转身

1984年洛杉矶奥运会后，李宁依旧保持不错的状态，在体操世界杯等国际大赛中屡有斩获，多次拿到世界冠军。

1988年汉城奥运会，他带着严重的伤病坚持参赛。虽然未能重现1984年洛杉矶奥运会的辉煌表现，但他顽强的意志，依旧是奥林匹克精神最好的体现。

李宁退役之后，他在新的领域再次取得了巨大的成功。他创办了以自己名字命名的体育品牌“李宁”，经过了几十载的艰苦奋斗，李宁如今已是一名极其成功的企业家。

李宁凭借着自己辉煌的职业生涯，成为中国体坛最具代表性的人物。**1999年，世界体育记者协会评选出了“二十世纪世界最佳运动员”，李宁的名字赫然在列，他和篮球“飞人”迈克尔·乔丹、足球“球王”贝利等25位体坛巨星共同入选，李宁也是唯一入选的中国运动员。**

北京奥运会再造传奇

2008年8月8日，李宁这个名字，又一次和奥运会产生了让人心潮澎湃的共振。北京奥运会开幕式的点火环节，万众期待的最后一位火炬手出现了！

在国家体育场里，李宁高擎火炬腾空而起，以高难度的姿态，在空中跑道上缓缓奔跑。随着他奔跑的脚步，一幅中国式画卷徐徐展开，以祥云为背景的画卷上，呈现出北京奥运会圣火传递的画面。

画卷完全展开之时，高耸的火炬塔映入人们的眼帘，李宁点燃了奥运圣火，国家体育场上空被映照得一片辉煌。

这是奥运会历史上最长久惊险、最坚韧不拔的点火方式。在职业生涯中为观众奉献过无数高难度动作的李宁，再度亮相奥运会，依旧在勇敢地挑战自我。

运动员时代，他刻苦奋进缔造“体操王子”神话，见证了中国体育从弱到强的攀登史。企业家生涯，他筚路蓝缕打造中国“李宁”品牌，写就了一部从无到有的奋斗史。

他是体操场上的王者，他是奥林匹克史上的传奇，他是民族精神的化身。

10 厘米宽的平衡木上，
续写着中国体操的故事。

刘璇优雅绽放实现“零的突破”，
邓琳琳力挽狂澜缔造传奇之旅，
管晨辰挑战自我捍卫中国荣耀。

跳跃、旋转、翻腾，
她们演绎着中国体操的一幅幅美丽画卷。

第二章

平衡木上的传承

2012
London 2012
TOKYO2020
2020

Sydney 2000
2000

教科书般的表演
刘璇实现“零的突破”

女子体操项目中，平衡木毫无疑问是中国体操的强项。奥运会平衡木的比赛中，中国体操队曾多次斩获金牌。然而，这个项目从弱到强的突破历程却异常艰难，刘璇是这段历程的破冰者。

1997年11月，刘璇成为中国女子体操队的队长，彼时的她已经18岁，在世界女子体操领域，她已经是一位老将了。

当时的中国女子体操队，承受着巨大的压力。1996年亚特兰大奥运会，她们没有拿到金牌。2000年悉尼奥运会，中国女子体操队的征程同样充满坎坷，她们在多个冲金点上都遗憾折戟，平衡木成为被寄予厚望的项目。

平衡木的宽度仅为10厘米，运动员可谓“在刀尖上起舞”，这也是体操比赛中失误率最高的项目。刘璇带着巨大的压力，走上了平衡木决赛的赛场。

刘璇微笑着向全场致意，随后倒立

上器械。第一个连续的跳跃动作，刘璇没有出现晃动，安静的赛场瞬间响起掌声。

一连串行云流水的动作，刘璇几乎是毫无瑕疵地完成。最后的结束动作，刘璇空翻落地，纹丝不动。她如释重负地露出灿烂的笑容，场下的教练同样欣慰地笑了。刘璇上演了一场教科书般的平衡木演出，征服了在场的观众和裁判。

等待分数的过程是漫长的，最终刘璇拿到9.825分的高分，她和教练相拥而泣。背负着巨大压力的中国女子体操队的队长，终于为团队拿下了一枚期盼已久的金牌。

刘璇的这枚金牌，是中国体操历史上首枚平衡木项目的奥运金牌，实现“零的突破”的刘璇，也奠定了中国体操在该

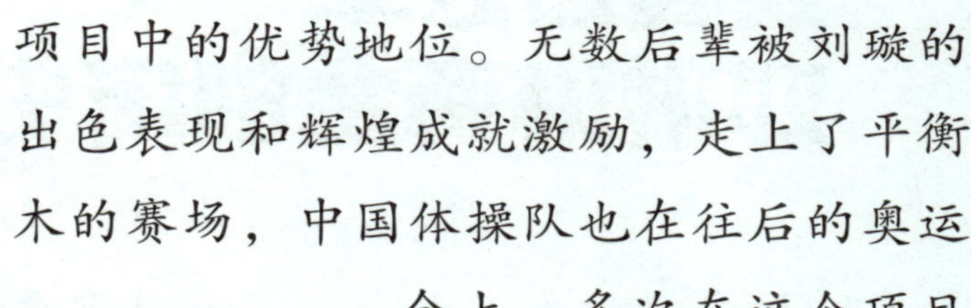

项目中的优势地位。无数后辈被刘璇的出色表现和辉煌成就激励，走上了平衡木的赛场，中国体操队也在往后的奥运

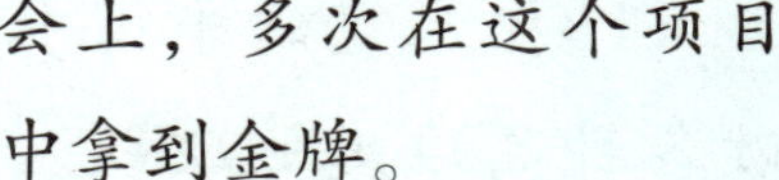

会上，多次在这个项目中拿到金牌。

从“第六人”到奥运冠军
邓琳琳两金创历史

10厘米宽的平衡木上，运动员需要做各种高难度的跳跃、旋转、翻腾，其中难度可想而知。邓琳琳的下肢力量非常出色，她还拥有一双与身高不符的大脚丫，脚掌宽大让她在平衡木项目中有先天的优势。

2008年以前，邓琳琳鲜有在国际大赛亮相的机会。直至北京奥运会前，她连续在世界杯分站赛中拿到好成绩，并在队内的测试赛中发挥出色，才搭上2008年北京奥运会的末班车。在中国女子体操队的六名运动员中，她是不折不扣的“第六人”。

2008年8月13日，在北京奥运会女子团体决赛中，这个队内“第六人”却带来巨大的惊喜，成为中国队的夺金功臣。**她在跳马、平衡木、自由体操比赛中分别获得15.250分、15.925分和15.150分。三次登场，三次都发挥完美，她帮助中国体操首次在奥运会女子团体项目中拿到冠军，实现历史性突破。**

体操运动员的运动寿命普遍比较短，平衡木项目对于核心力量、体重等要求极高，更是让运动员很难在连续的两届奥运会中，都保持极强的竞争力，但邓琳琳做到了。

2012年伦敦奥运会开始前，

邓琳琳的状态其实非常不好。她感觉自己兴奋不起来，在赛场上甚至快睡着了。发育使她的体重增加，让她感觉做动作越来越吃力。

但多年苦练的积累回报了邓琳琳。伦敦奥运会上，她感觉到了前所未有的“木感”，她的脚仿佛与平衡木连接在了一起。整套动作下来，邓琳琳没有出现太过明显的晃动，动作顺畅有韵律，“羊跳接后团”这个一直困扰她的难度动作，她也顺利完成。正是凭借这套难度为6.6分的动作，邓琳琳拿到15.600分，获得金牌。**中国体操队历史上首位连续两届奥运会夺得金牌的女选手诞生了。**

邓琳琳演绎了从搭上末班车，到两

届奥运会拿下两金的神迹。夺冠之后的邓琳琳含泪说道："感谢所有帮助过我的人，谢谢他们，（我）没让他们失望。2008年（北京奥运会）团体冠军是我生涯中最高的起点，经过这漫长的四年，到今天，能拿到个人（项目）的成绩很高兴，人生也很完美了。"

16 岁夺奥运冠军 管晨辰演绎辉煌

平衡木的高难度，加上奥运会赛场的高压力，即使是最优秀的运动员，也常常出现失误。

但在中国体操队中，有一位选手偏偏无惧这样的高失误率，她完成的平衡木动作以高难度著称，正是凭借稳健地完成高难度动作，她在2020东京奥运会（因疫情原因延期至2021年举办）中

拿下金牌。她叫管晨辰，参加东京奥运会时，她还只有16岁。初出茅庐的管晨辰，延续了中国体操在平衡木项目中的优势。

2020东京奥运会开始前，管晨辰罕有参加世界大赛的经历，用她自己的话说：“因为我是第一次参赛，没有人认识我，所以压力要小一些。我只要放开做，把平时训练的水平发挥出来就可以了。”

实际上，这名无人知晓的运动员，在中国体操队内却被寄予厚望。她在奥运会前的队内选拔赛中，凭借着高难度和高质量的动作，拿到出色的成绩，也顺利获得了东京奥运会的参赛资格。

当地时间8月3日，管晨辰开始了2020东京奥运会女子平衡木决赛的征程。她是当天最后一名出场的运动员，在她之前，队友唐茜靖已经拿到14.333分，暂列第一，金牌也已经归属奥运会中国体育代表团。

轻装上阵的管晨辰，开始了自己的表演。

她完成了一套难度分高达6.9分的动作，其余选手的难度分最高才6.5分。宽度10厘米的平衡木上，管晨辰无所畏惧地跳跃、翻腾和转体，“难度之王”彰显着自己的勇气和实力。在比赛中她还穿插了一个双手交替绕动的“袋鼠摇”动作，透露出她这个年龄独有的可爱和俏皮。

最后一个结束动作，管晨辰的空中姿态优雅有力，落地几乎没有任何移动。当她结束自己的表演之后，金牌的归属已经没有悬念，看台上中国体操队的教练员们兴奋地鼓掌庆祝，管晨辰则是和自己的教练相拥而泣。

16岁的管晨辰，第一次让全世界认识，便是在奥运会的冠军领奖台上。这名从体操训练伊始就心怀奥运梦想的运动员，迎来了她梦寐以求的圆梦时刻。

赛后回忆整场比赛，她动情地说道：“让我最激动的就是升国旗、唱国歌的时候，就觉得所有努力都值得了。”

他是少年天才，
首战奥运会斩获 1 金 1 银，
扬威世界；
他是失意王者，
全能赛场屡战屡败，
留下无数遗憾；
他是坚忍老兵，
北京奥运会斩获两金完美谢幕。

“全能战士”**杨威**，
少年天才无惧风雨，
历经千帆终迎璀璨巅峰。

第三章

“全能战士”

杨威

体操新星横空出世

单从身体条件来看，杨威很难被定义为体操天才，但他最强的天赋便是不服输。为了改善腿形，杨威每天晚上都会绑腿。尽管晚上睡觉时腿绑着不舒服，但他从来不埋怨。

2000年悉尼奥运会，20岁的杨威在男子团体比赛中承担重任。他出战全部六项比赛，凭借完美的发挥拿到58.048分。在所

有出战六项比赛的选手中，杨威的得分仅次于俄罗斯选手阿列克谢·涅莫夫，后者可是体操界的传奇。**最终，中国队斩获这枚含金量最高的团体金牌。自1953年组队，历经47年的苦苦追寻，中国体操终于实现了夙愿。**

团体夺金让杨威在个人全能比赛中信心十足，五项比赛结束，他仅落后涅莫夫0.088分。最后的决战，杨威没有畏首畏尾，他在鞍马比赛中用一套行云流水的动作拿到9.750分。但涅莫夫更胜一筹，他在双杠的比赛中斩获9.775分。

杨威因0.113分的劣势遗憾摘银，成为李宁和李小双两位传奇之后，又一位收获奥运会体操个人全能奖牌的中国选手。

卧薪尝胆蝉联冠军

2000年悉尼奥运会，杨威的发挥堪称完美。2004年雅典奥运会，却成为他职业生涯挥之不去的遗憾。当地时间8月16日的体操男子团体决赛，中国队接连出现失误，最终无缘冠军。

8月18日，杨威又在个人全能比赛的单杠项目中出现失误，仅仅拿到第七名。赛后，杨威十分自责，久久不能释怀。教练黄玉斌鼓励道："咱们2008（年）再来！"

尽管到2008年北京奥运会时，杨威已经28岁，过了体操运动员的巅峰年龄，但天生不服输的杨威，没有畏惧未来4年的艰辛，他一心要将失去的荣誉夺回来。“为了2008（年），坚持。”这是那几年杨威最常对自己说的话。

卧薪尝胆的杨威，终于在2006年世锦赛打了翻身仗。他突破性地斩获男子个人全能冠军，终于拿到了一个分量十足的世界冠军。2007年世锦赛，杨威在个人全能项目中实现卫冕。他成为近81年以来，第一位蝉联体操世锦赛个人全能冠军的运动员。

经历了两届奥运会的磨炼，经历了雅典刻骨铭心的失利，杨威以更加成熟的姿态，面对着未来的挑战。

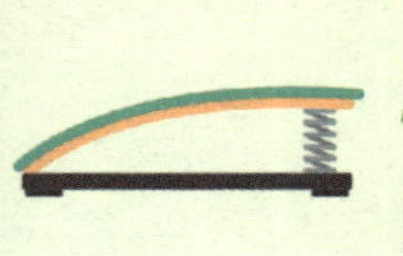

冲金！男子团体亮剑

2008年北京奥运会，中国体操队全队上下都憋着一股劲，他们迫切地希望一扫“兵败雅典”的阴霾。

8月12日，体操男子团体决赛正式打响，坐在看台上的中国体操队总教练黄玉斌“手心冰凉”，现场加油声响彻体育馆。

中国队在第三个项目吊环中拿到

48.875 分，净胜劲敌日本队 1.975 分，一举奠定优势。跳马比赛，三名出场的选手陈一冰、李小鹏和杨威更是表现完美，中国队拿到 49.325 分的高分，此时，一直表情严肃的杨威才露出难得的笑容。中国队凭借稳定的发挥一路领先，当小将邹凯最后登场时，他只需要在单杠比赛中拿到 9 分，中国队就可以摘金。

此时的国家体育馆人声鼎沸，中国体操队的小伙子们，经历了4年的苦练、磨砺和等待，终于要迎来站上巅峰的时刻。

伴随着邹凯完成一套完美的动作稳稳落地，国家体育馆内的欢呼声和掌声响彻云霄，坐在看台上的黄玉斌噌地一下蹦了起来。

“三朝老臣”打翻身仗

五星红旗飘扬在场馆的每一个角落，中国体操队的六名选手抱成一团，一旁的教练早已激动得泪流满面。六名队员兴奋地庆祝这场来之不易的胜利，其中杨威、李小鹏和黄旭这三位“三朝老臣”最是令人动容，时隔8年，他们再次为中国体操队夺回了这枚男子团体金牌。坚强的意志让老将们与年龄、伤病、压力作战，他们一扫“兵败雅典”的阴霾。

国际奥委会终身名誉主席胡安·安东尼奥·萨马兰奇，亲自到场为中国体操队颁发了金牌。**这场以7.25分的巨大优**

势取胜的比赛，让杨威感慨万千：“从雅典回来后，我们一直在准备，每一天我们都在问自己，为了奥运会我做了什么？为了奥运会我做的还够不够？（我们）每一天都会这样度过，教练每天也都这样要求我们。今天为什么优势明显？因为我们付出的多。”

拿到第二枚奥运会体操团体金牌的杨威，只剩下最后一个未竟的体操梦想了。8月14日，北京奥运会体操男子个人全能决赛打响。杨威第三次站上了这个舞台，昔日那个初出茅庐的20岁青涩少年，如今已是为梦想最后一搏的老将。

圆梦！“大满贯”诞生

杨威在个人全能比赛中的第一个项目是自由体操，他出现了小失误，仅拿到15.250分，排名第十，但大赛经验丰富的他早已不会被失误影响。鞍马、吊环和跳马三项比赛结束之后，杨威已经排名第一。

最后一个项目开始之前，杨威的金牌已经十拿九稳，他选择降低难度。当他完成一套行云流水的动作稳稳落地时，冠军归属已经没有

悬念，杨威向现场观众送上了飞吻。

从杨威盯着记分牌的眼神，足以看出他对这枚金牌的渴望。杨威的分数定格在94.575分，他以2.6分的巨大优势拿下个人全能金牌，完成了体操男子个人全能项目的“大满贯”，中国体操队时隔12年再夺该项目的金牌。

震耳欲聋的欢呼声中，杨威将双手摆在耳旁，尽情享受这一切。他披上五星红旗的那一刻，现场气氛达到顶点。

没有喜极而泣，没有沉重的发言，杨威把所有的苦、所有的累、所有的难都留在了备战的4年。圆梦时刻，他留下了尽是甜美的回忆。

2金1银完美谢幕

8月18日，2008年北京奥运会男子吊环决赛打响，这也是杨威的奥运会谢幕战。这名老将“站好了最后一班岗”，他凭借稳定的发挥拿到16.425分，摘得银牌。他的队友陈一冰以16.600分拿到金牌，中国体操队包揽了男子吊环项目的金银牌。

杨威以一套完美的吊环动作和一枚银牌，完成了自己的奥运会谢幕演出。2008年北京奥运会，杨威取得了2金1银的出色成绩。纵观杨威的整个职业生涯，他三战奥运会拿到3金2银。

从初出茅庐的一鸣惊人，到再战奥运的

跌入谷底，再到谢幕之战的荣耀收官，杨威跌宕起伏的职业生涯中，透露着他性格底色中的顽强和不屈。一度濒临退役的他，凭借着这种顽强和不屈的精神，愣是拼出了职业生涯的又一个巅峰。

在杨威的带动之下，整个中国体操队都在2008年北京奥运会打了翻身仗，他们创造了9金1银4铜的奥运会历史最佳战绩。

他是天才，首战奥运会斩获两金，
少年得志意气风发；
他是勇士，屡遭挫折连遇伤病，
仍不坠青云之志；
他是不败的王者，
双杠赛场缔造史诗传奇；
他是坚毅的老将，
“三朝老臣”演绎王者归来。

“双杠王者”**李小鹏**，
他跌倒过，
但他爬起来了，
而且站得更高。

第四章

“双杠王者”

李小鹏

2000

2008

首金！李小鹏助中国队圆梦

动作轻盈飘逸，拥有着独特的韵律和超强的协调性，李小鹏是体操领域不折不扣的天才。刚步入体操赛场时，他就不断在世界大赛中摘金夺银。李小鹏将自身天赋与双杠运动完美结合，在职业生涯初期就展现出成为“双杠王”的潜质。

2000年悉尼奥运会，19岁的李小鹏首登奥运赛场，他成为中国男子体操队的重要一员。当地时间9月18日，体操男子团体决赛打响，李小鹏参加鞍马之外全部五项比赛。这位小将的表现非常稳健，在自己的强项双杠中，他更是惊艳全场，拿到9.775分的高分。

凭借李小鹏和队友的出色发挥，中国体操队获得男子团体冠军，收获了队史首枚奥运会男子团体金牌。

虽然在男子团体项目中创造了历史，但随后，中国体操队发挥并不稳定，在男子个人项目中屡次折戟，双杠成为最后的冲金点，压力涌向李小鹏。

惊险！“双杠王”捍卫荣耀

当地时间9月25日，2000年悉尼奥运会男子双杠决赛打响。中国队想要在男子个人项目中拿到金牌，双杠已是最后的希望。

韩国选手李周炯表现出色，拿到9.812分的高分，金牌似乎在向韩国队员招手，倒数第二个登场的李小鹏已经没有退路。

李小鹏镇定自若地走上赛场，整套动作开始之后，他完全进入到忘我的境界，忘却了所有的压力，每个动作都近乎完美。行云流水、毫无瑕疵，在现场观众的惊呼声中，李小鹏结束了自己的表演。

裁判毫不吝啬地给出了9.825分的高分，绝境之中李小鹏彰显英雄本色，拿到了悉尼奥运会双杠项目的金牌。

中国体操队历史上首次斩获双杠项目的奥运冠军，这枚金牌更是中国男子体操队在2000年悉尼奥运会中唯一的个人项目金牌。

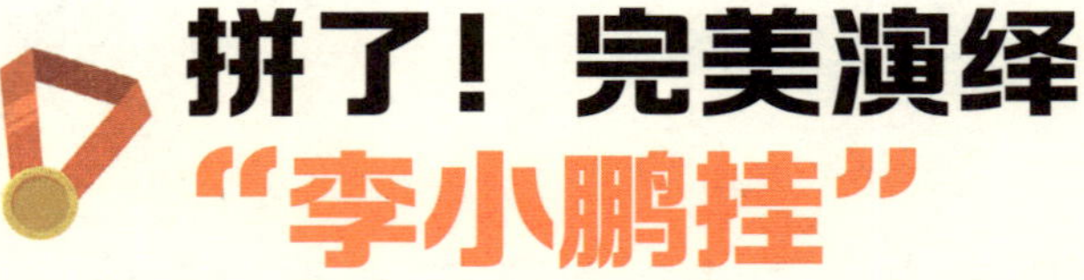

拼了！完美演绎“李小鹏挂”

2000 年悉尼奥运会的夺金，让李小鹏的职业生涯来到第一个巅峰。他在随后几年的世界大赛中，保持着出色的竞技状态。

2003 年体操世锦赛，李小鹏在自己的强项双杠中，又送上了一场精彩的夺金表演。

这届世锦赛的双杠项目中，李小鹏面对着强有力的竞争对手。日本选手家原直也在团体赛

的双杠项目中表现惊艳，拿到了9.800分的高分，他的实力不容小觑。

双杠决赛中，李小鹏毫不犹豫地用上了自己最新练成的绝招——“挂臂前摆屈体后空翻两周成挂臂”。这个动作对运动员的手臂力量、核心力量都是巨大的考验，李小鹏在训练中成功完成这套动作不过十来次，好在世锦赛那天的冒险上阵，成为他表现最完美的一次。李小鹏凭借这个高难度动作拿到9.825分，成功问鼎世锦赛。

李小鹏独创的招牌动作，后来也被国际体操联合会命名为“李小鹏挂”。

勇士！两次重伤打不倒的王者

职业生涯顺风顺水的李小鹏，在2004年雅典奥运会遭遇打击。他在自己最拿手的双杠项目中，落地时跳了一小步，最终收获铜牌。中国体操队也在雅典奥运会遭遇失利，在男子团体项目中无缘金牌。

2004年雅典奥运会后，李小鹏一度想过退役。此时，命运将它残酷的一面，屡屡展现给李小鹏。

2005年，李小鹏旧伤复发，他的踝关节有一块“游离骨”，他被迫接受手术治疗，这直接导致他一年后才能回归赛场。2007年3月，李小鹏在训练中遭遇右脚第五跖骨粉碎性骨折，此时距离2008年北京奥运会仅有一年多的时间。

顽强的李小鹏在手术后第三天就打着石膏来到训练场，脚受伤了没法移动，就在单杠和双杠上练习手臂的动作。凭借着这股不服输的劲儿，李小鹏顺利康复赶上了2008年北京奥运会。

生涯前期，李小鹏的天赋让人拍手叫绝；生涯后期，李小鹏则凭借强大的意志力，让世人知道“双杠王”绝不仅仅依靠天赋。

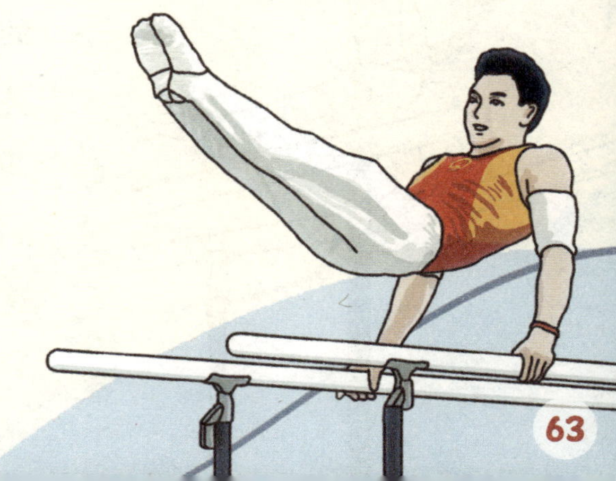

赢了！“三朝元老”超越传奇

2008年8月12日，北京奥运会体操男子团体决赛打响。为了这场比赛，李小鹏放弃了跳马单项比赛，他要排除一切受伤的风险。

“三朝元老”李小鹏在这场团体赛中的表现堪称完美。其中的跳马项目，他拿到16.775分，这个分数位列

所有参赛选手中的第一名。在自己的拿手项目双杠中，他拿到16.450分，在单杠项目中则是拿到15.725分。李小鹏出战的这三个项目，中国队的总得分均排名第一。

最终，中国体操队毫无悬念地拿下冠军。时隔8年，他们重夺奥运会体操男子团体金牌。赛后，李小鹏罕见地洒下英雄泪，回顾过去4年的备战历程，他哽咽着说道：“太不容易了。”

拿到北京奥运会体操男子团体冠军后，李小鹏收获了自己的第15个世界冠军，成为中国体操历史上获得世界冠军最多的运动员。

四金！李小鹏完美谢幕

2008年8月19日，李小鹏踏上了奥运谢幕战的征程。

男子双杠决赛中，李小鹏最后一个登场，随即开启了一场让人如痴如醉的双杠表演。惊险刺激的挂臂毫无瑕疵，大回环空翻惊为天人，最后落地稳稳站住，李小鹏用一套完美的动作征服了观众和裁判。落地的瞬间，李小鹏深吸一口气，冠军的悬念就此消失。

16.450分！李小鹏时隔8年再夺奥运会男子双杠金牌，他完成了不可思议的王者归来，这是一名天才运动员用伟大的意志力拼出

的胜利。

收获了职业生涯第4枚奥运金牌、第16个世界冠军后，李小鹏平静地说道：“跌倒了，一定要再爬起来，而且要站得更高。”

回顾职业生涯的挫折，他曾动情地说道：“人生当中有很多的起伏和转折，起伏的时候需要一种坚持，转折的时候需要一些顺应。”这是李小鹏的人生信条，也是他职业生涯后期最真实的写照。

他是自由体操赛场上的精灵，
腾空优雅、跳跃有力；
他在单杠上跳舞，
翻转腾挪、驾轻就熟。
他单届奥运会摘下三金致敬传奇，
他两次加冕奥运会男子团体冠军成为传奇，
他整个奥运生涯狂揽五金超越传奇。

他是**邹凯**，
“五金冠九州，弱冠登巅峰”。

第五章

“五金传奇”

邹凯

五金冠九州

CHINA

完美首秀获首金

2008年8月11日深夜，20岁的邹凯在床上翻来覆去睡不着。次日，北京奥运会体操男子团体决赛就将打响，邹凯是中国男子体操队中年龄最小的选手。此时，他突然发现和他同屋的老将黄旭也失眠了。即便已经参加过两届奥运会，决战前夜黄旭还是极度紧张。

然而次日站上赛场，他们精神抖擞地打了一场翻身

仗，一扫 2004 年雅典奥运会失利的阴霾。小将邹凯在参加的两个项目中均表现完美，他不仅在自由体操项目中拿到 15.925 分，更是承担起中国队最后一个上场的重任。

一套没有失误、近乎完美的单杠动作做完，邹凯落地稳稳站住。**全场爆发出山呼海啸的欢呼，邹凯斩获 15.975 分，这是男子团体比赛中单杠项目的最高分。最终，中国队获得 286.125 分，以 7.25 分的优势力压日本队，拿到北京奥运会体操男子团体金牌。**

20 岁的邹凯，首战奥运会就取得梦幻开局，斩获自己的奥运首金。

等待16年的冠军

2008年8月17日，北京奥运会男子自由体操决赛打响。当天的比赛可谓“摔成一片”，资格赛排名前两位的选手都在落地时出现了失误。

资格赛排名第六的邹凯，表现却近乎完美，他的腾空优雅、跳跃有力，整套动作的完成度极高。完成比赛后，他挥舞双拳庆祝。最终邹凯拿到16.050分，暂列第一。最后登场的是西班牙选手赫尔维·德费尔，伴随着他的得分定格在15.775分，邹凯获得冠军！

自1992年巴塞罗那奥运会李小双拿到

自由体操金牌后，中国选手时隔16年再度获得该项目的奥运冠军。

尽管只有20岁，此时的邹凯已是两枚奥运金牌的得主。他彰显着与年龄不符的成熟，淡定地挥了挥手，向现场观众致意。他身披国旗绕场一周，点燃了全场的气氛。

颁奖仪式上，少年老成的他才微微显露笑容。此前世锦赛中最好名次仅第六名的邹凯，展现了初生牛犊不怕虎的气魄，越是关键战役，他越能激发出自己的全部潜能。

单杠上华丽跳舞

两天之后，邹凯迎来了他在2008年北京奥运会上的又一场比赛——单杠决赛。中国体操队从未取得过该项目的奥运金牌，邹凯在2007年世锦赛中也仅拿到预赛第20名。

放手一搏的邹凯，选择了一套他能完成的难度最高的动作。在这项随时可能掉下器械的项目中，他

如同精灵一般在单杠上跳舞，每一次空翻都保持稳定和优雅的姿态，每一个高难度动作他都驾轻就熟。没有任何失误，有的只是一阵又一阵的欢呼。

邹凯落地后再现标志性的挥拳庆祝，随后他兴奋地与教练击掌。

最终，邹凯收获16.200分的高分。但是此时美国选手乔纳森·霍顿还未出场，他是金牌的有力争夺者。霍顿当晚的表现堪称完美，赢得现场观众阵阵欢呼，他的分数最终定格在16.175分。这场惊心动魄的战斗，以邹凯的再度胜利告终。

独揽三金，李宁式天才

邹凯在单杠项目中收获了自己的第三枚奥运金牌，也为中国体操队在北京奥运会上的惊艳演出画上了完美的句号。2008年北京奥运会，中国体操队总计斩获9枚金牌，包括含金量十足的男女团体以及男子个人全能金牌。

站在领奖台上的邹凯，延续着赛场上的沉稳，微笑着回应现场观众的欢呼。他在北京奥运会独揽三金，复刻了“体操王子”李宁在1984年洛杉矶奥运会上的神迹。

20岁首战奥运会，邹凯在团体项目中承担重任却毫无惧色，助中国男子体操队“收复

失地”。在自由体操和单杠两个非传统夺金点的项目中，他更是超水平发挥，创造了历史。

奥运会比赛中，每个选手都承受着巨大的压力。惊心动魄的体操比赛，更容不得任何心态波动，差之毫厘，谬以千里。因此，奥运会的体操比赛，往往是失误的重灾区。

但少年老成的邹凯表现出超乎寻常的稳定性，重压之下，他在奥运会的舞台上展现了最完美的自己。

完美姿态王者归来

2008年北京奥运会后，邹凯因为体重增加、伤病频发，一度陷入低谷。但临近2012年伦敦奥运会时，他上演了王者归来的好戏。2011年日本世锦赛，便是他强势反弹的第一步。

彼时邹凯作为替补队员报名参赛，在自由体操的比赛中他遭遇争议判罚，东道主选手内村航平通过申诉加分击败了他，这让他感到非常沮丧和遗憾。随后的单杠比赛，邹凯憋着劲想要证明自己。

他选择了当时世界上难度最高的一套动作，伴随着他的完美演出结束，现场从安静到喧闹再到欢呼。邹凯以一个超高难度动作落地并稳稳站住，现场观众献上热烈的掌声和欢呼声，这一战没有争议、没有遗憾、没有悬念。

邹凯连续挥拳庆祝，表现得异常兴奋。最终他斩获16.441分的超高分数，拿下该项目的世锦赛冠军，2012年伦敦奥运会前，他以完美的姿态王者归来。

第四金！男子团体卫冕

2012年伦敦奥运会，中国体操队的征途可谓荆棘密布。由于滕海滨意外受伤，郭伟阳临时被替换上场。体操男子团体的预赛，中国队状态不佳，仅以第六名晋级决赛，冲金前景尚不明朗。

决赛中，中国队调整战术，敢打敢拼，稳字当头。第一个项目是吊环，他们得到44.899分，首轮过后仅排名第六。而当第二个项目跳马比完后，中国队已反超至第一的位置。随后，邹凯的表现更是帮助中国队稳住优势，他在单杠和自由体操的比赛中，分别拿到16.400分和15.833

分，这是所有选手中的最好成绩。最后一项鞍马比赛前，中国队已经领先第二名日本队2.577分。

最终，郭伟阳和张成龙顶着压力完美演出，伴随着郭伟阳仰天长啸，陈一冰泪洒赛场，中国体操实现了该项目的卫冕，世锦赛和奥运会男子团体六连冠的伟业就此铸就。中国体操队更是成为近36年以来，首支蝉联奥运会体操男子团体冠军的队伍。

邹凯在领奖台上依旧微笑着，这一次，他成为奥运“四金王”。

王者表演征服全场

当地时间8月5日，2012年伦敦奥运会自由体操的巅峰对决上演，去年世锦赛憾负给内村航平的邹凯，此番的目标就是夺金。

内村航平第一个登场，他得到15.800分。随后邹凯开始自己的表演，伦敦北格林威治体育馆瞬间成为他的主场。每一个动作结束，迎接邹凯的都是雷鸣般的掌声。他身姿轻盈地在场内尽情跳跃、翻腾，以一套行云流水的动作，让现场的欢呼声到达了顶峰。邹凯再现经典的挥舞双拳庆祝，并露出微笑。

15.933 分，当邹凯的得分出炉，场下的内村航平也笑了，只是他的笑容透露着苦涩。面对邹凯这样完美的表现，他也输得心服口服。

这一次没有申诉、没有争议、没有遗憾，有的只是邹凯职业生涯的里程碑时刻——他成为中国奥运历史上第一位拿到五枚奥运金牌的运动员。

“五金冠九州”

自由体操的成绩出炉之后，邹凯举起了事先准备好的“五金冠九州”的卷轴，“神奇小子”内敛之中透露着霸气。颁奖仪式上，他向全场观众挥手致意，深情亲吻金牌。

邹凯的横空出世，为中国体操弥补了短板，帮助中国体操两夺奥运会男子团体冠军。两届奥运会豪取五金，邹凯成为中国体操史上璀璨的巨星。五枚奥运会金牌，

更是让他超越中国体育史上无数传奇，在中国运动员奥运会金牌数的山峰之上，邹凯傲视群雄。

2014年仁川亚运会，中国男子体操队派出了由邹凯领衔的“一老带五新”的阵容，彼时中国体操男子团体项目的亚运会十连冠被日本队终结，在低谷时刻，邹凯拿到单杠和自由体操两枚金牌，成为黑暗里的一束光。

备战2016年里约奥运会的过程中，邹凯虽然饱受伤病困扰但依旧勇敢坚持，直至最后时刻才因无法克服的伤病问题无奈放弃。

此后，邹凯告别体操生涯，一代传奇就此光荣谢幕。

“绝技王者”光耀世界

中国体操队诞生了无数“绝技王者”，他们倾其所有捍卫中国体操的荣誉，他们铺就了一条缀满光荣和梦想的金色长廊。“全能王”李小双、“跳马王”楼云、“吊环王”陈一冰、“鞍马王”滕海滨、“高低杠女皇”马燕红、“跳马女皇”程菲……他们每个人都是中国体操的骄傲。

“全能王”李小双

1996年亚特兰大奥运会，中国队在男子团体比赛中以1.239分的劣势憾负。憋着劲的李小双，渴望帮助中国队获得最高荣誉。在随后的男子个人全能比赛中，他终于证明了自己。

当地时间7月24日，男子个人全能的决赛打响，李小双和俄罗斯名将阿列克谢·涅莫夫展开了激烈的竞争，最后一个项目开始前，李小双落后涅莫夫0.038分。

李小双的最后一个项目是单杠，男子体操项目中最容易出现失误的项目。此时的李小双艺高人胆大，他选择了一套高难度的动作，并行云流水地完成，稳稳落地，最终拿到9.787分。**凭借这次绝地反击，李小双以0.049分的优势击败涅莫夫，成为中国体操史上首个奥运会个人全能冠军。**

勇敢、倔强、不服输，是李小双最明显的特质。正是凭借这些特质，他练就了全能的身手，完成了超高难度的动作，最终站在悬崖边上加冕了“全能王”。

“跳马王”楼云

中国体操名将楼云，腿部力量惊人，弹跳极其出色，助跑迅猛。楼云在跳马项目中有着得天独厚的优势，他多次在国内外的跳马比赛中斩获佳绩，是不折不扣的“跳马王”。

1984年的洛杉矶奥运会，楼云在跳马比赛中上演满分壮举。他在预赛的规定动作和自选动作中都拿到满分10分，在决赛中拿到9.950分，最终以19.950分成功夺金。

楼云的职业生涯中最让人难忘的时刻，不仅有1984年洛杉矶奥运会的锦上添花，更有1988年汉城奥运会的雪中送炭。

1988年汉城奥运会，中国体育代表团表现低迷，总共仅拿到5枚金牌，而楼云在跳马项目上的优势却依旧无人能敌，最终他以19.875分拿到一枚宝贵的金牌。**这枚金牌也让楼云成为中国体操历史上首位蝉联奥运金牌的运动员。**

依靠着天赋和刻苦，“跳马王”楼云在中国体育史上和世界体操史上留下了不可磨灭的印记。“楼云跳”“楼云空翻”等以楼云命名的动作，便是对楼云最好的褒奖。

“吊环王”陈一冰

相较于那些天赋异禀的少年天才，陈一冰绝对是大器晚成的典型。1984年出生的他，直至2006年才在国际大赛中有所收获。2006年世锦赛，陈一冰拿到吊环冠军，自此之后，他便一发而不可收。2007年他蝉联世锦赛吊环冠军，中国体操队的“吊环王”呼之欲出。

2008年北京奥运会，陈一冰迎来了属于自己的荣耀时刻。他在赛场上展现了无敌的姿态，他的每一个动作都堪称完美。他每做完一组动作，全场观众都会为他送上热烈的欢呼声。

愈发自信的陈一冰，动作完成质量越来越高。当他稳稳落地时，金牌归属已经没有悬念。陈一冰振臂高呼，露出腼腆的笑容，全场观众也都沸腾起来，他成为现场聚光灯的焦点。

自2006年世锦赛到2011年世锦赛，6年时间里，陈一冰收获了四届世锦赛和一届奥运会的吊环冠军，“吊环王”以不败姿态闪耀世界舞台。2012年伦敦奥运会，陈一冰在吊环决赛中表现得无懈可击，但是裁判的判罚引起争议，陈一冰遗憾摘银。

“鞍马王”滕海滨

1984 年洛杉矶奥运会，李宁拿下了鞍马项目的冠军。但随后中国体操队在这个项目中陷入沉寂，长达 20 年未能拿到金牌。

2004 年雅典奥运会，对中国体操队而言是让人沮丧的一届大赛。他们在多个项目中连续失手，无人能打破“零金牌”的窘境。此时，滕海滨挺身而出。

当地时间 8 月 22 日，雅典奥运会鞍马决赛打响。滕海滨此前在男子团体的比赛中出现失误，这场比赛前，无人看好他能拿下这个项目的冠军。

滕海滨面容冷峻地开始自己的比赛，动作幅度大、姿态优美、连贯性出色，心态平稳的滕海滨充分发挥出了自己的特点。一套几乎完美的动作完成之后，他稳稳落地。随后滕海滨怒吼一声，发泄出压抑的情绪。

最终滕海滨以 9.837 分拿到冠军，帮助中国体操队拿下了当届奥运会的唯一金牌。纵观滕海滨的职业生涯，他在鞍马项目上的统治力不是同时代运动员中最强的，但在绝境之中，他能顶住压力，最终帮助中国体操拿下这枚价值连城的金牌。

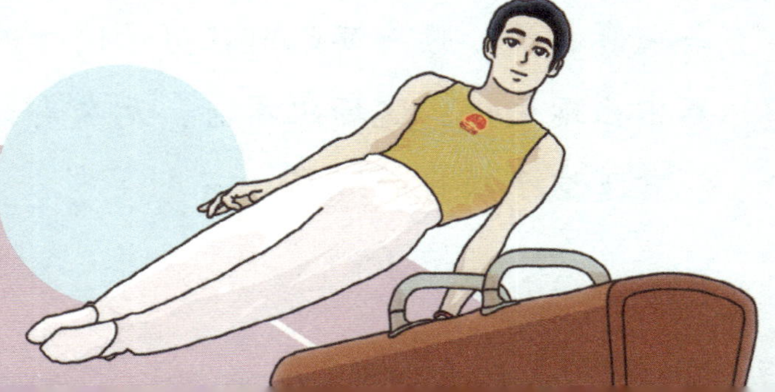

“高低杠女皇”
马燕红

1979年12月，只有15岁的马燕红踏上了体操世锦赛的征程。凭借一套完美的动作，她在高低杠项目中拿到19.825分的总分，加冕世界冠军。马燕红就此成为中国体操历史上第一个世界冠军。

依靠日常的勤勉以及出色的天赋，马燕红练就了超高难度的动作，让同时代的选手望尘莫及。

1984年洛杉矶奥运会，马燕红再次站上了高低杠决赛的赛场。一套行云流水的动作即将完成，马燕红再度使用了她标志性的“绷杠后空翻转体360度下”的落地动作。在一片惊呼声之中，马燕红转体360度后落地，并纹丝不动地站住。

她在决赛斩获10分，以总分19.950分加冕这个项目的奥运冠军，成为中国体操历史上首个女子奥运冠军。马燕红在奥运赛场创造了神迹，“高低杠女皇”的称号实至名归！

后来，马燕红的这个经典动作被国际体操联合会命名为“马燕红下”，这也是第一个以中国人名字命名的体操动作。

“跳马女皇”程菲

1988年出生的程菲，早早便展现天赋。2004年她踏上雅典奥运会的征程，拿到女子自由体操的第四名。雅典归来后，教练看中了程菲出色的腿部力量，于是除了自由体操，她也开始主攻跳马。不久之后，她练就了“踺子后手翻转体180度接前空翻转体540度”的高难度动作。这个绝技，便是后来以她名字命名的“程菲跳”。

拥有了“秘密武器”的程菲，让跳马从中国女子体操队的弱项，一跃成为王牌项目。2005年世锦赛跳马决赛，程菲第一跳表现完美，落地纹丝不动。第二跳她选择了“程菲跳”，而后呈现了几乎完美的表演，仅在落地时动了一小步。两跳平均分9.656分，程菲加冕跳马冠军。

这个冠军对于中国体操来说意义非凡，除个人全能项目，在男女共10个单项中，中国体操此前已经拿到过其中9个单项的世界冠军，程菲填补了最后的空白。

2008年北京奥运会，程菲作为队长率领中国女子体操队出征。在跳马和自由体操两个项目中，她分别取得了16.000分和15.450分的高分。最终她率领中国队力压美国队夺金，在体操女子团体这个项目中实现奥运金牌“零的突破”。

“空中芭蕾”——中国蹦床

2000 年，蹦床成为奥运会正式比赛项目。中国的蹦床运动起步较晚，但是凭借着科学的人才选拔和训练方式，以及运动员自身的不断努力，中国蹦床在奥运会赛场实现了从弱到强的蜕变。

2004年雅典奥运会，黄珊汕在蹦床女子个人项目中拿到一枚铜牌，实现了中国蹦床奥运奖牌“零的突破”。2008年北京奥运会，中国蹦床更是迎来了丰收的时刻。

2008年8月18日，“蹦床女神”何雯娜出战女子蹦床决赛。在队友预赛出局的情况

下，她顶住压力完美发挥，用一套赏心悦目的动作征服了裁判。最终，她以 37.8 分拿到金牌，中国蹦床的历史首金就此诞生。

2020 东京奥运会，中国女子蹦床队更是实力超群，傲视群芳。朱雪莹和刘灵玲搭档出征，两人都贡献出完美的表演，最终她们包揽了这个项目的冠亚军，中国女子蹦床又迎来历史性的时刻。

中国男子蹦床队的发挥同样非常惊艳。2008 年北京奥运会，何雯娜拿到金牌的第二天，陆春龙拿到了男子个人项目的金牌，另外一名中国选手董栋则是收获铜牌，中国蹦床在北京奥运会上拿到 2 金 1 铜，包揽了两个项目的冠军。

2012 年伦敦奥运会，董栋和陆春龙

再度联袂出征。两名实力出众的选手，构成了中国男子蹦床的“双保险”。这一次董栋站上了最高领奖台，陆春龙则是拿到了铜牌，中国男子蹦床蝉联奥运冠军，彰显了极强的统治力。

随后的 2016 年里约奥运会和 2020 东京奥运会，已是蹦床项目老将的董栋连续征战，收获了两枚银牌。至此，董栋已经是四战奥运会、收获 1 金 2 银 1 铜的蹦床传奇。

从 2004 年的雅典，到 2021 年的东京，中国蹦床已经在奥运会中收获了 4 金 4 银 6 铜的佳绩。**在这个中国队起步较晚的项目中，我们已然通过艰苦卓绝的努力，成为世界顶级强队。**

致敬
奥运会英雄谱

1984年洛杉矶奥运会，中国体操队奥运首秀力夺5金4银2铜，体操从此成为中国奥运军团的优势项目。李宁、李小双、刘璇、李小鹏、邓琳琳……一代代中国体操人捍卫荣耀，传承辉煌。低谷中，中国体操人卧薪尝胆，奋发图强；辉煌中，中国体操人不忘初心，不懈努力。寥寥文字无法说尽中国体操波澜壮阔的历史，谨以英雄谱致敬每一位坚忍、坚持、坚守的中国体操人。

体操		
1984 年洛杉矶奥运会		
李宁	男子自由体操	金牌
李宁	男子鞍马	金牌
李宁	男子吊环	金牌

楼云	男子跳马	金牌
马燕红	女子高低杠	金牌
李月久 / 童非 / 李小平 / 楼云 / 许志强 / 李宁	男子团体	银牌
楼云	男子自由体操	银牌
李宁	男子跳马	银牌
童非	男子单杠	银牌
李宁	男子个人全能	铜牌
周秋瑞 / 马燕红 / 周萍 / 黄群 / 陈永妍 / 吴佳妮	女子团体	铜牌
1988 年汉城奥运会		
楼云	男子跳马	金牌
楼云	男子自由体操	铜牌
1992 年巴塞罗那奥运会		
李小双	男子自由体操	金牌
陆莉	女子高低杠	金牌
李春阳 / 李舸 / 李小双 / 国林跃 / 李大双 / 李敬	男子团体	银牌
李敬	男子吊环	银牌
李敬	男子双杠	银牌
陆莉	女子平衡木	银牌

李小双	男子吊环	铜牌
国林跃	男子双杠	铜牌
1996 年亚特兰大奥运会		
李小双	男子个人全能	金牌
范斌 / 范红斌 / 黄华东 / 黄力平 / 李小双 / 沈剑 / 张津京	男子团体	银牌
李小双	男子自由体操	银牌
莫慧兰	女子跳马	银牌
毕文静	女子高低杠	银牌
范斌	男子单杠	铜牌
2000 年悉尼奥运会		
黄旭 / 李小鹏 / 肖俊峰 / 邢傲伟 / 杨威 / 郑李辉	男子团体	金牌
李小鹏	男子双杠	金牌
刘璇	女子平衡木	金牌
杨威	男子个人全能	银牌
凌洁	女子高低杠	银牌
刘璇	女子个人全能	铜牌
杨云	女子高低杠	铜牌
2004 年雅典奥运会		
滕海滨	男子鞍马	金牌

李小鹏	男子双杠	铜牌
张楠	女子个人全能	铜牌
2008年北京奥运会		
杨威/黄旭/李小鹏/陈一冰/肖钦/邹凯	男子团体	金牌
杨威	男子个人全能	金牌
邹凯	男子自由体操	金牌
肖钦	男子鞍马	金牌
陈一冰	男子吊环	金牌
李小鹏	男子双杠	金牌
邹凯	男子单杠	金牌
程菲/李珊珊/何可欣/江钰源/邓琳琳/杨伊琳	女子团体	金牌
何可欣	女子高低杠	金牌
杨威	男子吊环	银牌
杨伊琳	女子个人全能	铜牌
程菲	女子跳马	铜牌
杨伊琳	女子高低杠	铜牌
程菲	女子平衡木	铜牌
2012年伦敦奥运会		
陈一冰/邹凯/张成龙/郭伟阳/冯喆	男子团体	金牌

邹凯	男子自由体操	金牌
冯喆	男子双杠	金牌
邓琳琳	女子平衡木	金牌
陈一冰	男子吊环	银牌
何可欣	女子高低杠	银牌
眭禄	女子平衡木	银牌
邹凯	男子单杠	铜牌
2016 年里约奥运会		
邓书弟 / 林超攀 / 刘洋 / 尤浩 / 张成龙	男子团体	铜牌
范忆琳 / 毛艺 / 商春松 / 谭佳薪 / 王妍	女子团体	铜牌
2020 东京奥运会		
刘洋	男子吊环	金牌
邹敬园	男子双杠	金牌
管晨辰	女子平衡木	金牌
肖若腾	男子个人全能	银牌
尤浩	男子吊环	银牌
唐茜靖	女子平衡木	银牌
林超攀 / 肖若腾 / 孙炜 / 邹敬园	男子团体	铜牌
肖若腾	男子自由体操	铜牌

蹦床		
2004 年雅典奥运会		
黄珊汕	女子单人	铜牌
2008 年北京奥运会		
陆春龙	男子单人	金牌
何雯娜	女子单人	金牌
董栋	男子单人	铜牌
2012 年伦敦奥运会		
董栋	男子单人	金牌
黄珊汕	女子单人	银牌
陆春龙	男子单人	铜牌
何雯娜	女子单人	铜牌
2016 年里约奥运会		
董栋	男子单人	银牌
高磊	男子单人	铜牌
李丹	女子单人	铜牌
2020 东京奥运会		
朱雪莹	女子单人	金牌
董栋	男子单人	银牌
刘灵玲	女子单人	银牌

艺术体操		
2008 年北京奥运会		
蔡彤彤 / 俞陶 / 吕远洋 / 隋剑爽 / 孙丹 / 章硕	女子团体	银牌

截至 2020 东京奥运会结束

体操小百科

☆历史起源

体操运动历史悠久，它源于人类社会长期的社会实践活动。体操动作的雏形可以追溯到原始社会时期，人类为了生存，发展和传习了走、跑、跳、攀登、腾跃等各种生活技能。体操（Gymnastics）一词，来源于希腊文，古希腊人把锻炼身体的一切活动，如跑步、跳跃、骑马、舞蹈、军事游戏等统称为体操。

现代竞技体操源于18世纪的欧洲。18世纪至19世纪，欧洲多个国家出现了不同的体操流派，为现代竞技体操的形成奠定了基础。1881年国际体操联合会正式成立，1896年首届奥运会上就有竞技体操比赛。

☆奥运会体操项目介绍

以 2024 年巴黎奥运会为例，体操（Gymnastics）属于大项分类，包含三个分项，分别为竞技体操（Artistic Gymnastics）、艺术体操（Rhythmic Gymnastics）和蹦床（Trampoline Gymnastics）。

由于使用习惯，在日常生活、资讯报道、内容传播（包含本书）等方面，我们所说的体操比赛通常指竞技体操，特殊语境和加限定词的除外。如我们所说的“世界体操锦标赛”（World Artistic Gynastics Championships），就是指世界竞技体操锦标赛。

与首届奥运会就成为正式比赛项目的竞技体操不同，艺术体操与蹦床在数十年后才加入奥运会大家庭。1984 年洛杉矶奥运会，艺术体操成为奥运会正式比赛项目。2000 年悉尼奥运会，蹦床正式亮相奥运会赛场。

奥运会竞技体操男女项目不尽相同，男子竞技体操项目包含自由体操、鞍马、吊环、跳马、双杠、单杠、个人全能以及团体比赛；女子竞技体操项目包含跳马、高低杠、平衡木、自由体操、个人全能以及团体比赛。

奥运会艺术体操仅设女子项目，包含个人全能和团体全能比赛。

奥运会蹦床仅设单人项目，包含男子个人和女子个人比赛。

☆项目及器械

跳马：要求运动员用双手支撑“马背”，腾越“马身”，做出各种难度动作。它的器械酷似一匹马的马背，用皮革包裹。男子跳马的高度是 1.35 米，女子跳马高度则是 1.25 米。

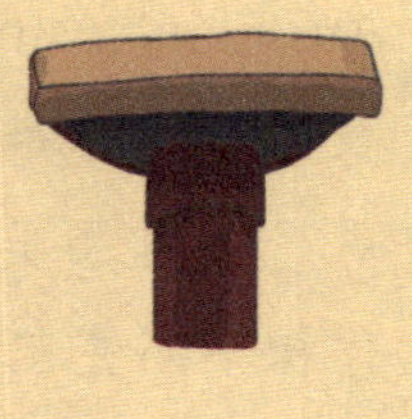

吊环：运动员用手握住吊环做各种动作，包括静止、摆动等。它的器械为一个立架上挂着两根钢绳，每根绳子下端分别系着一

个环，高度为 2.9 米。

鞍马：运动员两臂支撑在鞍马的各个部位，做转体、移位、交叉、旋转等动作。它的器械酷似一匹马，

“马背位置”有两个环，供运动员手握，比赛过程中只允许运动员用手接触器械。鞍马的高度为 1.15 米。

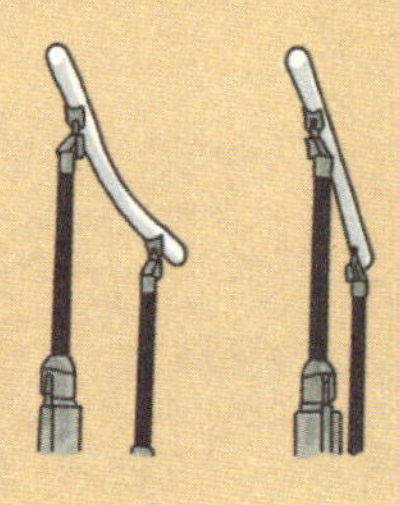

双杠：运动员依靠双臂的力量，在双杠上做静止、摆动、空翻等动作。它的器械由两根高度为 2 米的平行杠组成，两根杠之间的宽度可调节。

单杠：运动员用手握住单杠，做转体、回环、换握、腾越、飞行等动作。它的器械为直径 2.8 厘米、离地 2.8 米的金

属横杠固定在两根支柱上，两端用钢索固定。

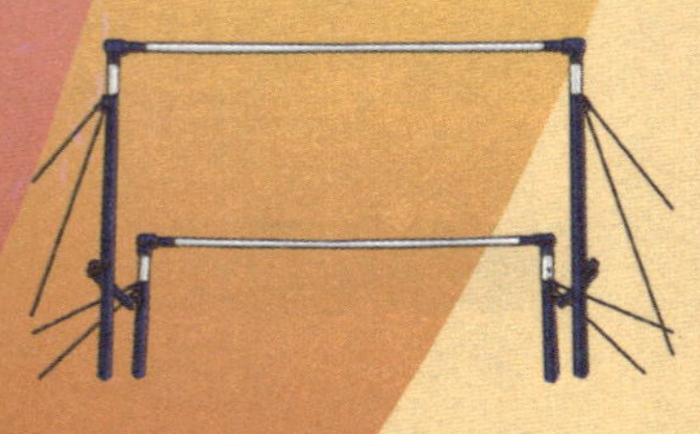

高低杠：运动员在高低杠上完成屈伸、回环、弹杠、腾越和空翻等动作。它的器械由高杠和低杠组成，高杠高 2.55 米，低杠高 1.75 米。

平衡木：运动员需要在平衡木上做出旋转、翻腾等动作。它的器械是一根横木，长度为 5 米，宽度为 10 厘米，高度为 1.25 米。

自由体操：运动员在规定的场地和时间内完成成套动作，动作追求力量、平衡等。场地为男女共用，是一个边长为 12 米的正方形。

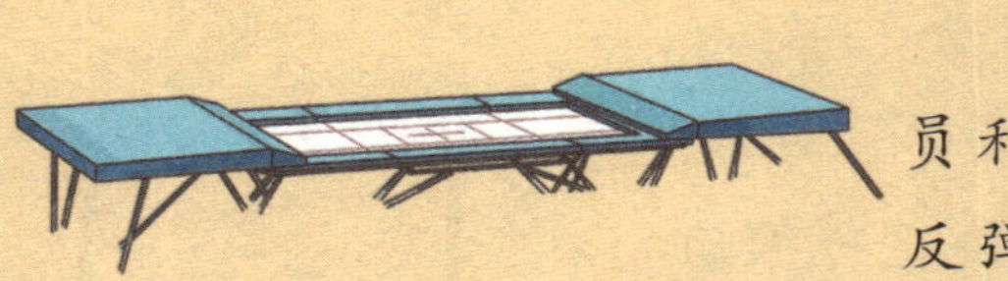

蹦床：运动员利用蹦床的反弹在空中表现杂技技巧的竞技运动，有“空中芭蕾”之称。标准的蹦床边框由金属制成，床面由尼龙或其他相近的材料制成。

艺术体操：是一项徒手或手持轻器械，在音乐伴奏下以自然性和韵律性动作为基础的体育运动项目，也是一种艺术性较强的竞技性体操项目。器械包括绳、圈、球、棒、带。比赛场地是边长为 13 米的正方形场地。

本书所有数据统计截至 2024 年巴黎奥运会开赛前。

图书在版编目（CIP）数据

中国体操 / 柳建伟主编 . -- 北京 : 北京时代华文书局 , 2024. 7.

ISBN 978-7-5699-5569-9

Ⅰ . K825.47

中国国家版本馆 CIP 数据核字第 2024CX8272 号

Zhongguo Ticao

出 版 人：陈　涛

总 策 划：董振伟　直笔体育

责任编辑：马彰羚

执行编辑：黄娴懿　孙沛源

特邀编辑：李　天　王　婷

责任校对：畅岩海

装帧设计：程　慧　迟　稳　贾静洁

插画绘制：戴佳林

责任印制：訾　敬

出版发行：北京时代华文书局 http://www.bjsdsj.com.cn

北京市东城区安定门外大街 138 号皇城国际大厦 A 座 8 层

邮编：100011　电话：010-64263661　64261528

印　　刷：三河市嘉科万达彩色印刷有限公司

开　　本：787 mm × 1092 mm　1/32　成品尺寸：130 mm × 190 mm

印　　张：4　字　　数：38 千字

版　　次：2024 年 7 月第 1 版　印　　次：2024 年 7 月第 1 次印刷

定　　价：29.80 元